AF467990

NOTICE

SUR

A.-L. DU PLESSIS DE RICHELIEU,

ARCHEVÊQUE DE LYON SOUS LOUIS XIII ET LOUIS XIV,

Par A. Pericaud,

BIBLIOTHÉCAIRE DE LA VILLE DE LYON,
DES ACADÉMIES DE LYON, DIJON, MACON, CHAMBÉRY, etc.

SUIVIE D'UNE RELATION DE LA PESTE DE LYON
EN 1628 ET 1629.

LYON,
IMPRIMERIE DE J. M. BARRET, PLACE DES TERREAUX.

1829.

NOTICE

SUR

A.-L. DU PLESSIS DE RICHELIEU.

***

Alphonse-Louis du Plessis de Richelieu, fils de François du Plessis et de Suzanne de La Porte, né à Paris, en 1582, fit ses études au collége de Navarre, avec son frère cadet, Armand, qui fut ministre de Louis XIII. Il était doyen de Saint-Martin de Tours, lorsqu'il fut nommé, en 1606, évêque de Luçon, à la place de feu Jacques du Plessis, son oncle; mais, préférant les austérités du cloître aux dignités de l'église, il résigna ce bénéfice à son frère Armand, et se renferma dans la grande Chartreuse où il passa environ vingt années. Arraché malgré lui à cette solitude par son frère qui était devenu tout-puissant, il fut nommé archevêque d'Aix, en 1626. Deux ans après, il passa au siége de Lyon, vacant par la mort de Charles Miron, arrivée le 6 août 1628. Mais cette ville ayant été atteinte de la peste vers le même temps, il ne s'y rendit que lorsque la contagion eut entièrement cessé [1]. Des circonstances majeures le retinrent sans doute loin du poste où son devoir l'appelait; de même qu'Antoine d'Albon, l'un de ses prédécesseurs, il en fut empêché par les magistrats de Lyon qui ne voulurent pas lui ouvrir les portes de la ville, peut-être aussi par les retards que mit la cour de Rome à ratifier son élection. Quoi qu'il en soit, Alphonse, après avoir pris possession de son siége, le 15 mars 1629, par Antoine de Gilbertes, archidiacre de l'église de Lyon, fit son entrée solennelle dans l'antique métropole des Gaules, le 10 juillet suivant, au milieu des acclamations et des démonstrations les plus vives de l'allégresse publique. Armand était déjà cardinal; cependant Urbain VIII, dérogeant à l'ordonnance de Sixte V, qui ne permettait pas que deux frères fissent partie du sacré collége, décora Alphonse de la pourpre romaine. C'est à Paris et des mains du roi qu'il reçut le chapeau, dans la chapelle de Bourbon, le 7 janvier 1630. *

Louis XIII qui séjourna deux fois à Lyon cette même année, y tomba dangereusement malade vers la fin de septembre. Atteint d'une fièvre violente, accompagnée de dyssenterie, il était à toute extrémité quand l'archevêque de Lyon lui administra le viatique. Le surlendemain, le prélat se disposait à lui donner l'extrême-onction, mais le roi, avant de la recevoir, voulut encore se confesser et communier. Cette cérémonie était à peine achevée, lorsque ceux qui entouraient le monarque, croyant qu'il allait expirer, ouvrirent toutes les portes de sa chambre. Au même instant, l'auguste malade rendit un abcès qu'il avait dans le bas-ventre, et il ne tarda pas à recouvrer la santé.

Pendant les discordes civiles dont Lyon avait été le théâtre, les mœurs du clergé n'avaient pas été sans quelque reproche; Alphonse voulut y porter remède et rétablir l'antique discipline dans son diocèse; il tint à cet effet, en 1631, un synode dont les principaux articles se retrouvent dans les statuts publiés par M.gr l'archevêque

* *Mercure françois*, tom. XVI, pag. 2.

d'Amasie au synode tenu à Lyon, en 1827. Alphonse, entre autres dispositions, détermina la manière qui s'observe encore aujourd'hui de porter le saint-sacrement aux malades ; il abolit l'usage des prières pour les enfans morts avant l'âge de raison, et défendit toute sonnerie lugubre à leur enterrement.

En 1632, il fut nommé grand aumônier de France et commandeur de l'ordre du Saint-Esprit. Cette même année, la veuve du duc de Montmorency, passant à Lyon pour aller à Moulins, voulut rendre visite à Madame de Chantal, première supérieure de l'ordre de la Visitation, et pleurer avec elle l'époux qu'elle venait de perdre à Toulouse; mais Alphonse ne permit point à Madame de Chantal de recevoir l'infortunée duchesse.

Vers les premiers jours de décembre 1633, Alphonse joignit ses efforts à ceux des magistrats de Lyon pour apaiser une sédition populaire qui avait éclaté à l'occasion de l'augmentation des droits de douane. On promit au peuple qui s'était déjà livré au pillage de l'hôtel des douanes, et qui avait fait un auto-da-fé des registres et des papiers qui s'y trouvaient, que l'augmentation n'aurait pas lieu, et il rentra dans le devoir. Mais le roi, sourd aux prières du consulat et de l'archevêque de Lyon [2], ne voulut point que cette révolte restât impunie. Quatre régimens furent envoyés à Lyon et logés chez les habitans. Quelques misérables furent arrêtés et condamnés au dernier supplice. Pendant l'exécution, l'un d'entre eux qu'assistait un religieux cordelier, se glissa furtivement parmi la foule et parvint à s'évader, quoiqu'il eût les mains liées et la corde au cou. Le prévôt demandant au cordelier ce qu'était devenu son pénitent: « On ne m'a pas commis, lui répondit-il, la garde de son corps, mais celle de son âme; au reste, M. le prévôt, je puis vous assurer qu'il était bien repentant de ses péchés. *

Le château de Pierre-Scise était la propriété des archevêques de Lyon, quoique, depuis Louis XI, les rois de France en eussent été constamment en possession. Louis XIII voulut en faire l'acquisition, et Alphonse le lui céda, moyennant 100,000 f., valeur fixée par arrêt du conseil d'état du 27 janvier 1635. Partie de cette somme fut employée à la construction des nouveaux bâtimens de l'archevêché; le surplus, soit à retraire une terre située à Chasselay, soit à réparer l'hôtel de Lyon, à Paris [3]. Après la conclusion de cette affaire, Alphonse fut envoyé à Rome pour y terminer les différends qui s'étaient élevés entre la France et le S. Siége. Il fut accompagné dans cette ambassade par Emeric Marc de la Ferté, aumônier du Roi. Néanmoins ce fut contre son gré que l'archevêque de Lyon quitta son diocèse. Il a consigné ses doléances à cet égard dans la lettre suivante qu'il écrivit de Rome au surintendant Bouthillier:

« ...... J'ai eu ordre de venir ici, j'y suis venu. Je veux tromper mon imagination et me persuader qu'on m'y a envoyé, jugeant que je fusse capable d'y rendre service. J'y suis: le séjour m'en est permis comme cardinal; il m'en est défendu comme évêque; de façon que, pour obéir au pape et au roi tout ensemble, je me trouve contraint de remettre mon archevêché entre les mains de S. M. Je le ferois avec regret, si la croyance dont j'ai déjà parlé, et à laquelle je me porte pieusement, ne m'y obligeoit; car il est vrai que j'y porte beaucoup de désavantage et nul profit, si ce n'est dans la satisfaction qui me demeure de faire quelque

* *Mercure françois*, tom. XIX, pag. 52-56.

chose qui puisse être agréable à celui dont je tiens tout, et par conséquent à qui je dois tout; car il est vrai que je perds le plus clair revenu que j'aie. Je joue en un instant huit mille écus de rente pour faire une espèce de second vœu de pauvreté. Je me prive des revenus que la vente de Pierre-Encise et de ma maison de Paris, montant à près de 200,000 livres, me pouvoit apporter; ayant à ce compte, par une charité mal ordonnée, travaillé plutôt pour mes successeurs que pour moi. Je me prive du séjour d'une belle et grande ville [4], où je suis aussi aimé que si j'étois honnête homme, où j'avois résolu de finir mes jours, et déjà choisi le lieu de ma sépulture. Je me mets en état de ne savoir où faire ma retraite après mon retour d'ici, si mon visage n'agréoit plus au Roi, et si mon humeur mélancolique déplaisoit à l'ordinaire à celui en qui vous m'écrivez que vous remarquâtes de la tendresse lorsque M. Mazarin lui parla de moi..... Voilà, en un mot, dit-il en terminant, la posture en laquelle se trouve le cardinal de Lyon, appauvri sans avoir fait de dépenses mal à propos [5], exilé sans être criminel, citoyen du monde sans y avoir un couvert propre pour y voir s'achever de blanchir ses cheveux avec honneur et en tranquillité. Otez-lui le bonnet rouge de dessus la tête, tous les lieux sont sa patrie; mais tandis qu'il y sera, il n'y a que Rome ou son diocèse qui puissent être considérés comme tels. Pour Rome, il n'y demeureroit pas trois heures si le service du Roi ne l'y attachoit [6]; de diocèse, il n'en a plus, l'ayant enfermé pour grand qu'il soit, dans une feuille de papier qu'il a fait remettre entre les mains du Roi... * » Le cardinal de Lyon s'acquitta avec autant de

* *Le Conservateur*, mai 1757.

zèle que de sagacité de son importante mission 7. Il était encore à Rome, en 1638, lorsqu'une maladie pestilentielle se manifesta à Lyon et ne tarda pas à y faire les plus grands ravages. Aussitôt Alphonse se hâta de revenir dans son diocèse, et, digne émule de Frédéric Borromée, il donna, dans cette circonstance, les preuves de la plus ardente charité, en se dévouant au service des malades. Laissons parler ici l'auteur de son oraison funèbre : « Tout ce qu'il y avoit (dans la ville) de personnes de condition la quittant pour aller à la campagne chercher un asyle contre la mort, y laissèrent son Éminence seule avec une multitude presque infinie de pauvres. C'est ici où il partagea ses soins avec une justice admirable entre les besoins de l'âme et ceux du corps. C'étoit un spectacle digne d'être regardé de toute la cour immortelle des bienheureux, de voir un grand cardinal humilier son éminence et sa pourpre aux pieds d'un homme mourant de la peste, et le fortifier par son exemple et par ses paroles contre la violence de la douleur. Il se trouve à tous les endroits de la ville, et de peur que quelque belle occasion n'échappe à son zèle, par une sainte ambition il a des personnes qui lui marquent les lieux où la mort se fait voir avec un plus formidable appareil. Quand il marche dans cette triste solitude accompagné seulement de sa charité, car il avoit presque congédié tous les siens, on croit, à l'égalité de son visage, qu'il va en triomphe en entrant dans une maison infectée, et qu'il ne peut souffrir que la mort paroisse en un seul endroit où son courage ne la désarme...... 8 » Qu'il me soit permis de rapporter ici un acte de dévouement du pieux prélat : instruit qu'un capucin qui servait de confesseur aux pauvres pestiférés, atteint lui-même de la peste, était en danger de mourir sans confession, faute de prêtre qui voulût l'assister, il alla jusqu'au chevet de son lit, lui administra les secours de la religion, et ne le quitta point avant d'avoir reçu son dernier soupir 9.

L'année qui suivit cette calamité, le cardinal de Richelieu, précédant le Roi qui devait passer à Lyon pour se rendre sur les frontières de la Savoie, fut harangué par les magistrats de la ville auxquels il répondit : « Je vous suis bien obligé de l'affection que vous témoignez avoir pour le cardinal de Lyon, mon frère ; je crois qu'ensuite d'icelle vous avez pareille inclination pour moi, laquelle je vous prie de continuer à l'un et à l'autre. »

La mauvaise santé et les infirmités d'Alphonse 10 l'engagèrent à passer l'hiver de 1640 à 1641 dans le midi de la France ; il résida plusieurs mois à Marseille, et sa correspondance témoigne que, quoique éloigné de son diocèse, il ne négligeait point les intérêts du troupeau confié à ses soins.

Alphonse revit encore à Lyon son frère, au mois de septembre 1642, époque de funeste mémoire où l'imprudent Cinq-Mars et le vertueux de Thou finirent dans nos murs leurs jours sur l'échafaud. Le nom de l'archevêque de Lyon figure sur une des feuilles de ce fameux procès. C'est lui qui fit choix du P. Malavalette pour assister Cinq-Mars. Ce jésuite, touché de compassion pour son infortuné pénitent, se jeta aux pieds de Laubardemont et obtint par ses pressantes supplications que Cinq-Mars ne subirait pas la question, et qu'il n'y serait présenté que pour la forme. La mort de Richelieu qui suivit de près celle des deux illustres victimes jeta

Alphonse dans une profonde affliction. Voici en quels termes il épancha sa douleur dans une lettre qu'il écrivit à Madame la duchesse d'Aiguillon :

« La mort de mon frère, lui dit-il, m'a distrait d'une erreur dans laquelle j'étois, croyant que les coups prévus faisoient moins de douleur que ceux qui surprennent; car je l'ai ressenti aussi vivement que si l'état auquel je l'avois vu ne me l'eût point annoncé par avance. Je l'ai pleuré, je le regrette; j'ai prié pour lui, je le fais encore tous les jours, et tâche pour parachever mon chef-d'œuvre de me conformer entièrement en la volonté de Dieu. La bague que vous m'avez envoyée ne m'étoit point nécessaire pour me souvenir de mon devoir en cette occasion, puisque le sang et la charité me le disent assez; je la tiendrai néanmoins bien chère et lui donnerai son vrai prix, en la considérant plutôt comme une marque de son affection que pour la qualité ou grosseur de la pierre; vous protestant que je ne l'aurois pas moins estimée s'il n'y en avoit point du tout.... * »

Alphonse pleurait encore son frère, lorsque sa charge de grand aumônier de France le força d'aller à Paris pour assister aux obsèques du roi qui n'avait pas survécu six mois à son premier ministre. Peu de temps après son retour, il se rendit avec son clergé dans l'église de St-Laurent pour assister à l'ouverture du tombeau du *docteur très-chrétien*, Jean Charlier de Gerson, que le hasard avait fait découvrir le 18 mai précédent (1643), et il permit qu'Etienne Verne, un des perpétuels de St. Paul, lui dédiât une relation circonstanciée de cette découverte, qui fut publiée sous le titre de *Joannes Charlerius de Gerson in tumulo gloriosus* [11].

* Mss. de la biblioth. de Lyon, n.° 1457.

En 1644, le cardinal de Lyon se rendit au conclave où Innocent X [12] fut élevé sur la chaire de S. Pierre. L'année suivante, il présida l'assemblée générale du clergé de France qui se tint à Paris. De retour dans son diocèse, il ne s'en éloigna plus, et se rendit par sa bienfaisance et par sa piété le parfait modèle d'un bon pasteur. A l'exemple de ses prédécesseurs, il favorisa l'établissement de plusieurs monastères. On vit aussi sous son épiscopat se multiplier les associations ou congrégations religieuses. Il y en avait pour les gens mariés et pour les célibataires de tout âge et de tout sexe. Les réunions avaient lieu le plus souvent dans les oratoires des communautés. Dès lors les églises paroissiales commencèrent à être moins fréquentées. Benoît Puys, curé de St-Nizier, voulant ramener ses brebis au bercail, prêcha contre ces associations, et publia, en 1649, le *Théophile paroissial* qu'il avait traduit de l'italien. Il déclara en même temps qu'il avait entrepris ce travail pour s'opposer à la liberté de quelques prédicateurs, membres d'une compagnie régulière qui s'étaient échappés à déclamer publiquement contre la messe de paroisse. Le jésuite Henri Albi se chargea de la défense des réguliers, et, dans sa réponse, il attaqua la personne et la conduite du traducteur. Il y eut réplique sur réplique ; enfin, grâces à l'intervention de l'archevêque, cette querelle scandaleuse se termina par une transaction qui se fit publiquement entre les parties, le 25 septembre 1650 [13]. Cet événement paraît être le seul qui ait troublé la paix de l'église de Lyon durant la longue administration du cardinal. Atteint d'hydropisie sur la fin de ses jours, Alphonse termina sa carrière à l'âge de 71 ans, le 23 mars 1653. Pendant sa dernière maladie, sa pensée se reportait souvent vers cette solitude où, loin des vanités du siècle, il avait passé des jours si paisibles et si purs : « Hélas ! s'écriait-il, que le cardinal de Lyon serait bien mieux dans le lit de dom Alphonse, que dom Alphonse dans le lit du cardinal de Lyon! » Etienne Chauvessaigne, grand prieur de l'abbaye de Savigny prononça l'oraison funèbre du vertueux prélat qui fut inhumé, conformément à ses intentions, dans l'église de la Charité, et qui voulut qu'on mît sur sa tombe cette inscription qui subsiste encore :

PAVPER NATVS SVM, PAVPERTATEM VOVI, PAVPER VIXI, PAVPER MORIOR, INTER PAVPERES SEPELIRI VOLO [14].

On trouve dans le *Gallia christiana* une autre épitaphe de cet archevêque auquel on n'a fait d'autre reproche que d'avoir embrassé quelquefois trop aveuglément les passions de son frère. « C'étoit, dit Dreux du Radier (Biblioth. du Poitou, tom. III, pag. 358-9), un génie plus sombre que brillant, plus solide qu'agréable. Il écrivoit assez bien et parloit fort mal. Jamais il ne put faire un vers latin. De tous les poètes il n'aimoit que Lucain ; il savoit Sénèque par cœur et en avoit fait de longs extraits. [15] » Il me semble néanmoins qu'une partie de ce jugement est en contradiction avec l'idée qu'Alphonse avait de lui-même : « J'aurois, dit-il dans une de ses lettres, beaucoup de choses à vous dire, mais, quoique je ne sois pas grand parleur, je m'explique beaucoup mieux en discours que par écrit. * » Les lettres et les arts fleurirent à Lyon sous son épiscopat ; nous rappellerons parmi les écrivains et les artistes les plus célèbres de cette époque le P. Théophile Raynaud, dont

* Mss. de la biblioth. de Lyon, n.° 1457.

quelques ouvrages doivent être consultés par ceux qui s'occupent de l'histoire de notre cité ; le P. Fabri, qui enseigna la circulation du sang avant qu'Harvey en eût rien écrit ; Charles Spon et André Falconnet qui correspondirent avec Gui Patin ; Françoise Paschal, qui a composé des pièces de théâtre ; Philibert Delorme, auquel on doit le portail de St-Nizier ; Thomas Blanchet, peintre, qui fit à Lyon le plus grand nombre de ses ouvrages, et qui avait peint le plafond de la grande salle de l'hôtel de ville [16], qu'un incendie consuma en 1674 ; l'architecte Simon Maupin, qui exécuta ce magnifique monument dont la première pierre fut posée le 5 septembre 1646, etc., etc. C'est à notre illustre prélat que l'on doit la publication du *Moses viator* du P. Milieu, qui, pendant une maladie grave, avait fait brûler plus de vingt mille vers de ce poëme. Le premier livre seulement avait échappé. Après la guérison de l'auteur, Alphonse exigea qu'il achevât son épopée. Les treize premiers chants parurent en 1636, les quinze derniers en 1639 ; chaque volume est précédé d'une dédicace au cardinal de Lyon, dans chacune desquelles on trouve des vers latins à sa louange. Un des plus fameux médecins de son siècle, Lazare Meyssonnier, lui dédia son *Histoire de l'université de Lyon et du collége de médecine faisant partie d'icelle*, etc., Lyon, 1644, in-4.° ; un avocat, François Goujon [17], lui fit au nom de la ville de Lyon un remercîment cité par Pernetti, *Lyonnois dignes de mémoire*, tom. II, page 17 ; un gentilhomme nivernais, Pierre de Cotignon, sieur de la Charnaye, publia aussi sous ses auspices un volume qui a pour titre : *Vers du sieur de la Charnaye, dédiés à Monseigneur l'éminentissime cardinal de Lyon, grand aumônier de France* ;

Paris, 1632, in-8.° [18]; enfin Maynard lui adressa le sonnet suivant (pag. 344 de ses *Œuvres*):

Alphonse que mon cœur a tousiours admiré,
Que ton esprit est clair, que tes bontez sont grandes;
Et que nous dormirions dans un calme asseuré,
Si le ciel t'accordoit ce que tu lui demandes!

Je veux apprendre à tous qu'il n'appartient qu'à toy,
En un siècle ennemy de la belle franchise,
De parler hardiment des intérests du Roy,
Des malheurs de l'Europe et de ceux de l'Église.

La prudence d'Armand fut sans comparaison,
Tes pères sont fameux, et toute ta Maison
Est célèbre en sagesse, est célèbre en vaillance.

Mais tu ne cèdes pas à tant d'illustres morts:
Ton mérite est si grand, que le sang dont tu sors
N'a jamais rien donné de plus grand à la France.

Il ne nous reste d'Alphonse qu'un assez bon nombre de lettres missives dont on pourrait faire un choix qui ne serait pas dépourvu d'intérêt. Quelques-unes ont été insérées dans le *Conservateur*, mai 1755. La bibliothèque du roi conserve sa correspondance avec Louis XIII et les plus illustres personnages de la cour. La bibliothèque de la ville de Lyon a trois recueils contenant la copie des lettres qu'il écrivit de 1635 à 1637, et de 1641 à 1651, n.os 864, 1457 et 1458 du catalogue des mss. par M. Delandine. La *Bibliothèque historique de la France* indique sous le n.° 30627 le manuscrit des lettres et dépêches qui lui furent adressées depuis 1635 jusqu'au 11 novembre 1640 [19]. Son portrait, gravé par Mellan, à Rome, in-fol., fait partie du *Recueil* de Moncornet; on en trouve également un en regard de celui d'Armand, sur une vignette qui est en tête de la dédicace que Pierre Frizon fit aux deux frères de sa *Gallia purpurata*, Paris, 1638, in-fol. Au-dessous du portrait d'Alphonse on lit ce distique, dans lequel l'auteur fait allusion à la dignité de grand aumônier de France dont le prélat était revêtu :

Regales dispensat opes Alphonsus egenis :
Sic sibi, sic Regi comparat ære Deum.

Les armoiries d'Alphonse précèdent la notice que Frizon lui a consacrée, pag. 709-711 de la *Gallia purpurata*. Le sceau dont il se servait pour ses actes, est actuellement dans le cabinet de M. B.... qui possède une collection précieuse d'antiques et d'objets d'art. Sa vie a été écrite en latin par Michel de Pure, Paris, 1653, in-12; mais c'est plutôt un panégyrique qu'une vie. Toutefois le cardinal de Lyon n'a pas manqué de biographes; son article se trouve dans tous les dictionnaires historiques. C'est à mon savant collègue, M. Weiss, bibliothécaire de la ville de Besançon, que l'on doit sa notice dans la *Biographie universelle*. J'ai emprunté plusieurs passages à cette excellente notice, que je me serais bien gardé de refaire, si la mienne, destinée à un ouvrage spécial, n'eût pas dû contenir tout ce que j'ai pu recueillir d'intéressant sur un prélat qui a brillé pendant vingt-quatre années sur le siége épiscopal de Lyon [20].

NOTES.

1 Poullin de Lumina n'a pas dit un mot de la peste qui, en 1628 et 1629, enleva la majeure partie de la population de cette ville: c'est pour suppléer à son silence que j'ai cru devoir joindre à ma notice la relation que J. P. Papon a faite de cette peste.

2 On lit dans une lettre qui n'est pas datée, et qui paraît avoir été adressée par Alphonse à un des ministres de Louis XIII : «..... Je la fais (cette lettre) pour vous supplier que si le roi a résolu quelque chose sur le sujet des folies de nos Lyonnois, de les expédier promptement; car le temps et le mal pressent, et je crains qu'elles ne croissent en sorte, si on en donne le loisir, qu'au lieu d'un cataplasme lénitif, il ne faille avoir recours au cautère actuel, et que ces commencemens ne soient un levain de grandes divisions. Les fous sont mes enfans, et le père n'est plus sage qu'eux qu'en ce qu'il reconnoît et blâme leur extravagance..... (Mss. de la bibliothèque de Lyon, n.° 941). » Une lettre que le cardinal de Lyon écrivit plus tard au roi, fait voir l'état de détresse où se trouvait notre ville vers cette même époque : « La lettre que V. M. m'a fait l'honneur de m'écrire sur le sujet de la subsistance qu'elle veut être tirée de cette ville, m'ayant été rendue, j'ai parlé aux prévôt des marchands et échevins, pour les exhorter à obéir promptement, pour ce que, manquant en ce point, ils ne le pouvoient faire de bonne grâce, et se mettoient au hasard d'encourir l'indignation de V. M. Ils m'ont représenté la pauvreté du corps de ville qui s'est endetté extrêmement, ou pour des sommes qu'il a été contraint d'emprunter pour fournir à ce que V. M. a désiré d'eux, ou pour des dépenses à quoi la peste les a obligés; la difficulté de venir à une capitation, et l'espérance qu'ils ont que V. M. aura tant de bonté pour cette ville (qui a toujours été pleine de fidélité et de passion pour son service) qu'elle considérera sa pauvreté avec compassion, et prendra plaisir à la conserver plutôt qu'à la perdre. Voilà, Sire, tout ce que mon éloquence et le crédit que j'ai parmi le peuple ont pu opérer; si j'en ai acquis quelque peu, c'est plutôt parmi ceux qui n'ont point de bourse que parmi les autres; et si ces derniers ont de la bonne volonté pour moi, ça sans doute été pour n'avoir jamais essayé d'y fouiller; si j'y étois obligé, je per-

drois en un instant ce que j'ai acquis avec beaucoup de peine, et me mettrois en état de ne rien pouvoir pour le bien de leurs âmes..... » On pourrait citer plusieurs autres lettres dans lesquelles l'honorable prélat plaide la cause de la ville de Lyon.

3 D'Herbigny, *Gouvernement de Lyon* (Ms. de la biblioth. de Lyon, n.° 1409). Notice sur le château de Pierre-Scise, dans le *Calendrier historique de Lyon*, pour 1829, par M. Cochard.

4 Alphonse n'a pas toujours eu une aussi bonne opinion de notre cité. Voici à ce sujet quelques lignes d'une assez longue lettre de lui, laquelle est sans date et sans suscription : «..... Si certaines personnes étoient bannies de Lyon, ce seroit une agréable demeure; je voudrois en chasser les recueilleurs de subsistances, harpies nouvellement créées pour tourmenter quelques pauvres étrangers qui s'y sont retirés à l'abri de la foi publique, ceux qui viennent troubler nos aises, en vexant ceux qu'ils appellent aisés, et qui se veulent enrichir de la ruine des immunités de l'Eglise; je voudrois en chasser les femmes médisantes, qui se plaisent à faire des intrigues, qui prostituent l'honneur aussi facilement que leur conscience....; mais Hercule n'est plus pour en défaire le monde..... » (Mss. de la biblioth. de Lyon, n.° 1458).

5 Le panégyriste d'Alphonse nous a révélé les causes honorables de son appauvrissement, quand il a dit : « Le soin des âmes ne lui fit pas oublier celui des biens temporels, et la charité qui, comme un soleil, éclaire le ciel et la terre, ne jugeoit rien indigne de son devoir. Combien de fois a-t-il apaisé la colère de ceux que la nécessité publique armoit contre les maisons des plus grands, et auxquels le désespoir et l'impunité mettoient les flambeaux à la main pour consumer une ville où l'on ne voyoit plus que des matières de pleurs! Tout le monde sait bien qu'il employa ses revenus, et qu'il engagea tout ce qu'il avoit de précieux pour empêcher que la fureur du peuple n'ensevelît cette funeste ville dans ses ruines, où nos yeux la chercheroient elle-même aujourd'hui, sans y trouver aucune marque de sa grandeur. Que les circonstances d'une action si glorieuse en relèvent l'éclat!...... » *Oraison funèbre* de Messire Alphonse-Louis du Plessis de Richelieu, cardinal, archevêque et comte de Lyon, primat des Gaules et grand aumônier de France, prononcée dans l'église Nostre-Dame de la Charité de Lyon, par Etienne Chauvessaigne, prieur de Saint-Martin du Bouquet et grand

prieur de l'abbaye de Savigny. A Lyon, chez Michel Liberal, 1653, in-4.° de 35 pages. Le même orateur cite plusieurs autres traits de la bienfaisance d'Alphonse ; il le loue surtout de sa fermeté dans un démêlé qu'il eut avec son frère et le surintendant des finances, pour la défense du peuple, à l'oppression duquel il ne voulut jamais consentir.

6 Pendant son séjour à Rome, le cardinal de Lyon reçut, si l'on en croit les mémoires du temps, une espèce de *mortification*. « Ce prélat, tiré de l'ordre des Chartreux, crut qu'il seroit moins » difforme et moins désagréable aux dames Romaines, que sa mau- » vaise mine et sa laideur choquoient extrêmement, s'il laissoit » croître ses cheveux et s'il les portoit aussi longs que les autres » cardinaux. Urbain lui ordonna de se faire raser à la manière des » Chartreux. » *Hist. de Louis XIII*, par Michel le Vassor, tom. V, pag. 71.

7 Les biographes du cardinal de Lyon ne disent point quel fut le sujet de cette mission. Chauvessaigne, son panégyriste, déclare qu'il est obligé de se taire par discrétion. On ne voit dans sa correspondance de 1635 à 1637, dont la bibliothèque de la ville de Lyon possède une copie (Mss., n.° 864), rien qui paraisse annoncer une mission spéciale. Le cardinal de Lyon s'y borne à rendre compte au roi et à ses ministres de ce qui se passe à Rome, et principalement de ce qui peut intéresser la cour de France dans ses relations avec le St. Siége et les autres puissances.

8 Oraison funèbre déjà citée, note 5.

9 Ms. de Ménestrier, biblioth. de Lyon, n.° 1358.

10 On a souvent remarqué que l'archevêque de Lyon est le premier en France qui ait fait usage du chocolat, mais c'était plutôt comme d'un remède que comme d'un aliment qu'il s'en servait ; il le tenait de quelques moines espagnols qui en avaient apporté en France. Voy. *Amusemens philologiques* de M. Peignot, pag. 382.

11 Cet opuscule a été réimprimé dans le tome I.er des Œuvres de Gerson, Anvers, 1706, in-fol. Voyez. sur Gerson et sur son séjour à Lyon, les *Archives du Rhône*, tom. III, pag. 490. L'église, dans les caveaux de laquelle se trouvait le tombeau de l'illustre Chancelier, a été démolie pendant la révolution, mais il serait

très-possible que ce tombeau existât encore, quoique le sol sur lequel était cette église, ait été converti en place publique.

12 Et non Innocent XII, comme le dit Poullin de Lumina. Dans une lettre que la reine Anne écrivit au cardinal de Lyon, relativement à la tenue du conclave, se trouvent ces paroles flatteuses : « Quand vous serez de retour de Rome, si vous voulez venir jusqu'à la cour, vous y serez reçu comme vous pouvez le désirer, étant assuré que tous les témoignages que vous aurez de mon affection, seront toujours beaucoup au-dessous de ceux que j'ai envie de vous rendre. » Mss. de la biblioth. de Lyon, n.º 694. Le même manuscrit contient deux autres lettres écrites au cardinal de Lyon, l'une par Mazarin, l'autre par Louis XIV.

13 Moréri, Art. *Albi*; Pascal, *Provinciales*; Poullin de Lumina, *Hist. de l'Eglise de Lyon*.

14 Cette épitaphe a quelque rapport avec celle du roi Louis le Jeune, enterré dans l'abbaye de Barbeaux, laquelle finissait par ces deux vers :

Pauperis ut memores melius sint pauperiores,
Gaudeo pauper homo pauperiore domo.

Le Père Anselme, *Hist. généalog.*, tom. VIII, pag. 289, attribue au cardinal de Lyon la construction de l'église de la Charité. Nous croyons cette église un peu plus ancienne.

15 Il serait très-possible qu'Alphonse fût l'auteur d'un ouvrage ayant pour titre : *Les Morales d'Epictète, de Socrate, de Plutarque et de Sénèque, par Jean Desmarets*, imprimé *au chasteau de Richelieu*, 1653, in-8.º, et que Desmarets eût prêté son nom à Alphonse pour cet ouvrage, comme il l'avait déjà prêté à Armand de Richelieu pour une tragédie ; c'est du moins ce que mon docte collègue, M. Charles Nodier, bibliothécaire du roi à l'Arsenal, conjecture dans ses *Mélanges tirés d'une petite bibliothèque*, pag. 176. M. Nodier est également porté à croire que l'imprimerie fondée ou projetée par le grand Richelieu, dans son château, ne fut mise en activité que par les soins de son frère Alphonse, qui lui survécut jusqu'en 1653, environ onze années ; et à cette occasion, il rappelle que M. Peignot avait déjà remarqué, pag. 71 de son *Répertoire des bibliographies spéciales*, qu'on ne cite aucun ouvrage sorti de cette imprimerie, du vivant du cardinal de Richelieu, mort en 1642.

16 On rapporte que lorsque Blanchet voulut être payé de ce travail, le consulat voulut un compte, et qu'il le fit en ces termes : « La ville de Lyon doit à Blanchet pour du blanc, du rouge et du noir...., 300,000 francs. » On voulut persister à avoir un compte plus détaillé. Procès entre le peintre et la ville qui, par arrêt du parlement, fut condamnée à payer la somme demandée.

17 C'est de Jean Goujon, père de François, qu'est ce distique ingénieux, sur la mort d'Henri IV :

Flevit Alexandrum cernens in imagine Cæsar :
Mavortem Henricum fleret uterque videns.

César baigna de pleurs l'image d'Alexandre :
Henri quatre à tous deux en aurait fait répandre.

M. R......

18 Voyez sur ce volume le *Chef-d'œuvre d'un inconnu*, tom. II, pag. 523, édit. de 1807. Il m'a été impossible de me procurer ces *Vers*, mais j'ai sous la main la *Muse champestre* du même auteur, Paris, 1623, in-8°. J'y ai remarqué quelques épigrammes et quelques petits contes assez bien tournés, entre autres une pièce de dix-huit vers sur un sujet traité depuis par La Fontaine (le Bât), laquelle n'a point été indiquée par M. Walckenaer.

19 Je ne mentionnerai ici que pour mémoire deux lettres bien certainement apocryphes, l'une du cardinal de Lyon, l'autre de son frère, en réponse, insérées tom. II, pag. 31-40, des *Diverses pièces pour la Défense de la reyne mère du roy tres-chrestien faites et reveues* par Messire Mathieu de Morgues, etc. Ces deux lettres doivent être mises sur la même ligne que les déclamations attribuées à Salluste et à Cicéron.

20 Alphonse a eu pour successeur Camille de Neuville, auquel la *Biographie universelle* n'a pas accordé d'article, quoique Massillon ait fait son oraison funèbre.

***

PESTE DE LYON

EN 1628 ET 1629.

***

En reproduisant la description que Papon [1] a faite de la peste qui désola Lyon en 1628 et 1629, je m'étais proposé de la faire précéder du récit des ravages que le même fléau a exercés dans cette ville à d'autres époques; mais les matériaux que j'ai rassemblés n'étant point encore assez nombreux pour que je puisse exécuter aujourd'hui ce projet, je me contenterai de signaler les six principales pestes dont notre cité s'est vue affligée, et d'indiquer les sources où l'on pourrait puiser, si l'on désirait avoir sur ce sujet de plus amples notions.

La peste de Lyon la plus ancienne paraît être celle dont parle Grégoire de Tours, l. IV, ch. 31. Elle doit être placée à l'année 571, comme elle l'a été par Dom Bouquet, *Recueil des hist. de Fr.*, t. II, p. 219, et non à l'année 593, comme l'a écrit le P. de Saint-Aubin, *Hist. de Lyon*, p. 254, et encore moins à l'année 597, comme l'a cru M. Delandine, *Alm. de Lyon pour l'an* VI, p. xxviij. Elle fut des plus terribles, et s'étendit sur les villes de Bourges, Châlons et Dijon, qui, ainsi que Lyon, en furent, en quelque sorte, dépeuplées: *valdè depopulata sunt*, dit Grégoire de Tours.

La seconde eut lieu en 1564. Elle enleva plus de la moitié des habitans. Consultez Paradin, *Mém. de l'hist. de Lyon*, p. 386; Rubys, *Hist. véritable de Lyon*, p.

404; le même, *Privileges des hab. de Lyon*, p. 30, et le P. de Saint-Aubin, p. 254.

La troisième régna pendant les années 1581 et 1582. Voyez Rubys, *Hist.*, etc., p. 430; le P. de Saint-Aubin, p. 258-259; les *Archiv. du Rh.*, t. VII, p. 114, etc.

La quatrième est celle de 1628-1629 dont on va lire le récit. Papon, en le composant, avait, à ce qu'il paraît, sous les yeux le *Lyon affligé de contagion*, par le P. Jean Grillot, de la compagnie de Jésus, Lyon, Fr. de la Boutiere, 1629, in-8.° (publié d'abord en latin sous le titre de *Lugdunum lue affectum et refectum*); le traité du P. Théophile Raynaud, *de Martyrio per pestem*, 1630, in-8°.; celui *des Causes, des accidens et de la cure de la peste*, par (Senac et Chicoyneau), Paris, 1744, in-4.° et le *Mercure françois*, tom. XV, p. 2 et suiv.

La cinquième arriva en 1638. Voyez le P. Ménestrier, Mss. de Lyon, n°. 1358 du catalogue de M. Delandine.

La sixième et dernière semble être celle de 1642. Le fléau cessa tout-à-fait, cette année, comme le remarque le P. de Saint-Aubin, p. 262. Cependant, comme on réimprima plus tard, en 1644 et en 1670, l'ouvrage intitulé *l'Ordre public pour la ville de Lyon pendant la maladie contagieuse* (par G. Chevalier), il semblerait qu'à ces deux époques on avait eu des motifs de concevoir quelque crainte du retour de cette fatale calamité [2]. On ne dût pas non plus être sans inquiétude ni négliger de prendre les précautions convenables, lors de la fameuse peste de Marseille en 1720.

EXTRAIT du traité *De la peste, ou Époques mémorables de ce fléau et des moyens de s'en préserver, par J. P. Papon, ci-devant historiographe de Provence.* Paris, imprimerie d'Egron, an VII (1800), 2 vol. in-8.°, tom. I, pag. 165-185.

« La ville de Lyon avait trop de rapports avec l'Italie [3] pour ne pas recevoir la contagion que devaient lui transmettre les voyageurs et le commerce. En effet, elle y fut apportée par des soldats venus de cette contrée, à la fin de septembre 1628, lorsque l'automne semblait avoir ramené les beaux jours du printemps 4. Le ciel était pur, un petit vent frais purifiait l'air, et les rayons du soleil répandaient sur la ville et la campagne une chaleur bienfaisante qui ranimait la nature. La maladie se fut à peine déclarée que la frayeur s'empara des habitans. Chacun ferme sa boutique et ses magasins, emballe son argenterie et ses effets les plus précieux, commande des charrettes pour le transport des hardes, fait ateler des chevaux, ou loue des voitures, et hâte, par ses vœux et son activité, le moment heureux où il pourra quitter une ville pestiférée. Ceux qui ont des maisons de campagne s'y retirent, croyant y être à l'abri de la contagion; les autres cherchent un asile dans les villes, les villages et les hameaux voisins; mais, dans beaucoup d'endroits, on refuse de les recevoir; et ces familles errantes se voyant repoussées partout avec une dureté désespérante, trouvent à peine, à force de prières, de supplications et d'argent, des hommes qui veuillent les recevoir. Quelques-uns, après avoir erré de village en village, tantôt accablés d'injures, et quelquefois chassés à coup de pierres par les habitans, s'en retournent tristement à la ville, où ils sont mal reçus de leurs parens, et finissent par mourir dans un abandon plus cruel que la mort, puisqu'ils sentent qu'ils l'ont méritée en prenant la fuite les premiers. Il y en eut qui, après avoir eu la barbarie de laisser à la ville leurs femmes et leurs enfans au milieu des pestiférés, périrent dans l'abandon à la campagne, au lieu que leurs femmes et leurs enfans échappèrent à la contagion.

La maladie était accompagnée de circonstances qui méritent d'être remarquées. Les lieux infects, les maisons pleines d'immondices, étaient, pour ainsi dire, des lieux de sûreté. Les rues étroites, les logemens resserrés, les quartiers étouffés, ces lieux si propres à recevoir les impressions de la peste, en préservaient; au lieu que les collines, les lieux aérés, les jardins agréables y étaient plus exposés [5]; enfin les maisons vides d'habitans, et où, par cette raison, l'air devait être corrompu, s'étaient changées en demeures saines, et tel homme s'était conservé en santé dans l'air impur de la ville, qui trouvait là mort dans la maison de campagne où autrefois il allait rétablir sa santé.

Quelque part qu'on fût attaqué de la maladie, les accidens qui l'accompagnaient étaient formidables. La raison s'égarait; les malades, fatigués par des vomissemens, epuisés par le cours de ventre, périssaient souvent dans cet état de faiblesse. Il y en avait qui tombaient dans un sommeil profond, d'où rien ne pouvait les tirer, et la mort les surprenait dans cet état; tandis que d'autres, travaillés par des insomnies perpétuelles, ne pouvaient goûter aucun repos, éprouvant des défaillances fréquentes, des douleurs vives, une ardeur brûlante. On remarqua que les maux de tête violens, les douleurs de reins étaient pour l'ordinaire les avant-coureurs de la mort, et que les hémorrhagies étaient presque toujours mortelles. La manie saisissait les tempéramens sanguins et colères ; une frénésie obstinée en tourmentait plusieurs dès les premières atteintes et ne cessait qu'à la mort. D'autres conservèrent un jugement sain jusqu'au dernier moment. Il y en avait qui passaient six à sept jours sans nourriture, tandis que d'autres éprouvaient une faim dévorante. Aussi les médecins, étonnés de ces accidens opposés, avouaient-ils franchement qu'ils ne comprenaient rien à la maladie, et ils l'abandonnaient au hasard : ce qui fut cause qu'une infinité de personnes se traitèrent à leur manière. Il y en eut qui, dans les ardeurs de la fièvre, continuèrent de boire du vin comme auparavant, et se guérirent ; d'autres, persuadés qu'il fallait corriger le mauvais air par le bon vin, en firent un usage immodéré qui les perdit. Deux frères, boulangers, furent attaqués de la peste en même temps ; l'un, aux premières atteintes qu'il sentit, se mit dans le four lorsqu'il était encore chaud, sua beaucoup et fut guéri dans trois jours. On ne dit pas ce que devint l'autre, qui n'usa pas du même remède ; tout fait présumer qu'il mourut.

Il s'éleva alors beaucoup d'empiriques, parce que le temps de la terreur est celui de leur règne ; il n'y en eut aucun qui ne fit des dupes. Dans cette classe je dois mettre celui qui ordonnait pour tout remède à ses malades de prendre une soupe d'orge cinq à six fois par jour ; ce qui réussit à plusieurs. Ce fait rappelle le régime rafraîchissant que Foucher d'Obsonville suivit dans le désert, et dont j'ai fait mention ci-dessus. Je ne mettrai pas au nombre des empiriques ce religieux qui faisait des cautères ou appliquait des vésicatoires, parce que ce préservatif est reconnu pour excellent.

Les femmes, durant la peste de Lyon, ne furent pas aussi malheureuses que les hommes ; car elles résistèrent plus long-temps au mal, quoiqu'elles servissent les pestiférés. On remarqua que celles qui en furent attaquées, guérirent plus facilement et en beaucoup plus grand nombre que les hommes. Les exanthêmes livides, les charbons, les bubons, les abcès à la gorge terminaient ordinairement les souffrances de la vie.

Les magistrats n'oubliaient rien pour arrêter le fléau 6. Dès qu'ils savaient qu'un homme était malade, ils le faisaient transporter à l'hôpital. Les pauvres étaient mis dans des cabanes hors de la ville. Malgré ces précautions, la peste, en peu de jours, se répandit avec la vivacité du feu que le vent agite au milieu de matières combustibles. Elle jonchait de cadavres les maisons et les rues, et semblait choisir de préférence les hommes les plus robustes, pour leur faire éprouver ses fureurs. Ils tombaient dans la frénésie, et mouraient dans des douleurs cruelles. « J'ai vu, dit l'auteur latin de qui j'emprunte ces détails, j'ai vu des hommes forts comme » des taureaux, qu'on fut obligé d'enchaîner dans les » excès du délire; j'en ai vu d'autres, jouissant de la » meilleure santé, tombés morts en mettant le pied » dans la rue; d'autres enfin, atteints du coup mortel, » en se déshabillant pour se mettre au lit, expirer avant » d'avoir achevé. Mais que dire de cette populace im» bécille qui, au mois de septembre, quand la mort » moissonnait tant de monde, s'attroupait pour voir » passer les charrettes remplies de morts, ou pour aller » compter les maisons marquées du signe des pestiférés, » et qui, s'infectant dans son oisiveté, payait de la » vie sa folle imprudence, et servait de leçons aux in» considérés! C'est ainsi, ajoute l'auteur, que les In» diens, rassemblés sur le rivage, contemplaient avec

» sécurité le feu de l'artillerie européenne dont ils n'a-
» vaient aucune idée, mais qu'ils détestèrent, comme la
» plus funeste des inventions, quand ils virent les ravages
» qu'elle faisait parmi eux. »

La mort de ces gens du peuple fit une telle impression sur leurs égaux, qu'ils recoururent à la prière pour fléchir la colère céleste. On voyait les femmes, devenues tout à coup taciturnes, l'air abattu, et un chapelet à la main, faire retentir l'air de hurlemens affreux. Il y en eut qui, au bruit de la sonnette attachée au tombereau pour avertir les passans de s'éloigner, tombèrent sans vie; on en vit aussi d'une fortune et d'une condition au-dessus du commun qui, ayant entendu sonner la prière pour demander à Dieu la cessation du fléau, furent saisies d'une telle frayeur, qu'elles tombèrent malades en rentrant chez elles, et moururent.

Rien n'était égal au spectacle d'horreur et de pitié qu'offrait la ville de Lyon, à la fin de septembre et dans les mois d'octobre et de novembre. On ne voyait presque personne dans les rues; ceux qu'on rencontrait avaient sur eux des flacons d'odeur et le mouchoir sur la bouche : amis ou alliés, ils n'osaient s'aborder. On regardait les passans à travers les fentes des portes, ou bien on parlait par la fenêtre à ceux à qui l'on avait affaire. L'auteur de la relation dit avoir souvent parcouru la rue Mercière en plein jour, sans avoir rencontré personne; ce qui n'était pas étonnant, parce que les rues étaient jonchées de cadavres, et qu'on trouvait à chaque pas des chars funèbres remplis de morts ou de malades. Il y avait trois ou quatre cents personnes par heure qui recevaient le trait contagieux ou celui de la mort. On voyait six ou sept malades dans la même chambre, et trois ou quatre dans le même lit. L'un mourait, l'autre, tourmenté par des douleurs cruelles, poussait des cris affreux, tandis qu'un peu plus loin, un troisième, devenu fou par l'effet de la maladie, se livrait à mille extravagances. Les moins malades employaient leurs forces défaillantes à secourir ceux qui l'étaient davantage.

Tel était l'état de la ville, lorsque tout à coup le bruit se répand que l'ennemi est aux portes 7. La générale bat; tout ce qui reste de gens en état de servir, court aux armes; on établit des corps-de-garde; on met des sentinelles partout; on n'entend que le bruit des fifres et des tambours. Que résulta-t-il de ces rassemblemens tumultueux? que ceux qui, jusqu'à ce moment, s'étaient préservés de la peste, la prirent; car, sur soixante personnes qui montèrent la garde, il y en eut le lendemain quarante qui en furent attaquées.

Quand des affaires pressantes attirèrent à la ville quelques-uns des habitans qui s'étaient retirés à la campagne, ils y venaient sur de bons coursiers, le nez couvert de leur manteau, et courant comme si l'ennemi les poursuivait; ils s'en retournaient avec la même vitesse. Mais souvent ils avaient fait à peine deux milles, qu'ils se sentaient malades; on les ramenait à la ville; il y en avait même qui mouraient en chemin. Combien y en eut-il de ces citadins fugitifs qui prirent la peste dans leur maison de plaisance, au sein de l'abondance et dans un air bien pur? une femme de condition et fort riche, qui s'était enfermée avec ses enfans dans une maison de campagne spacieuse, bien aérée et fort commode, où elle avait fait des provisions pour plusieurs mois, afin de n'avoir point de communication au dehors, mourut en peu de jours avec toute sa famille. C'est qu'il est impossible qu'on ne reçoive rien du dehors, ne fût-ce que des lettres ou des provisions, quelque petites qu'on les suppose; et, comme la peste est si subtile qu'elle s'attache à tout, il suffit de ne les pas faire passer par le vinaigre ou le parfum, pour qu'on reçoive le trait de la mort en les touchant.

Cependant ces morts imprévues jetèrent les esprits dans une très-grande perplexité. On avait beau chercher des raisons à ce phénomène, on n'en trouvait aucune de satisfaisante, et l'on fut tenté de croire, comme les Turcs, à une destinée inévitable; aussi la plupart des malades, ne comptant plus sur les secours humains, finirent par s'abandonner à la Providence. Cela n'empêcha pas aux magistrats d'ordonner aux habitans de brûler devant leurs maisons du bois de genièvre et d'autres bois odoriférans, pour purifier l'air corrompu par la transpiration de tant de malades, et par les exhalaisons émanées des cadavres et des ordures de toute espèce. Je ne doute pas que cette mesure ne produisît un bon effet, quoique l'auteur qui me sert de guide n'en dise rien.

Je ne mettrai pas sous les yeux du lecteur le spectacle désolant de l'hôpital des pestiférés [8], où la famine et la malpropreté concouraient, avec la maladie, à abréger les jours des malades; ces sortes de tableaux sont pour l'ordinaire moins instructifs que rebutans. Je me contenterai de dire, pour ajouter un trait de plus à l'histoire de l'esprit humain, que lorsque les malades se débattaient encore contre les horreurs de la mort, il y avait des gens qui se jetaient avidement sur leurs hardes et sur leurs autres effets, sans se mettre en peine du danger qu'ils couraient; ensuite venaient les corbeaux qui s'emparaient de ce qui restait sur le corps mort 9, le traînaient par les pieds ou le chargeaient sur leurs épaules pour l'aller jeter dans le tombereau. Je remarque ces circonstances pour prouver combien il y avait peu d'ordre dans les hôpitaux ; c'était au point que les personnes employées au service des malades, volaient, pour les revendre, les provisions que les magistrats envoyaient.

On ne me croirait pas si je rapportais tous les crimes que la cupidité fit commettre, et qu'on ne peut pas révoquer en doute, puisqu'ils sont dans la relation que nous a laissée de cette peste un témoin oculaire, bien sûr de n'y avoir mis que des choses vraies, puisqu'il la fit imprimer du vivant de ceux qui avaient vu les maux qu'il raconte. Il dit avoir vu des gens qui, ayant été jetés dans les fosses comme morts, en avaient été retirés le lendemain, et avaient, à force de soins et de remèdes, recouvré la santé. Ces événemens ne sont pas rares en temps de peste. Celui-ci m'en rappelle un autre rapporté par Rondinelli, dans son Histoire de la peste de Florence. Il dit qu'une femme étant revenue de sa léthargie, après avoir été enterrée avec d'autres pestiférés, sortit du tombeau et reprit le chemin de sa maison, où elle trouva son mari qui ne s'attendait pas à cette surprise ; il la prit pour un fantôme, et la chassa, prétendant que sa femme était bien morte : cette malheureuse, étonnée à son tour de la réception, s'en alla chez Antoine Rondinelli, père ou grand-père de l'auteur, qui la connaissait beaucoup, et qui persuada au mari de la reprendre ; son incrédulité n'était sans doute qu'affectée pour se débarrasser de sa femme : on n'est pas si incrédule quand on aime bien.

On assure qu'il y avait à Lyon, comme à Milan, des scélérats qui répandaient la peste à dessein 10 : tout est croyable en fait de méchanceté. Mais comme il est bien difficile que celui qui compose un onguent pestiféré ne s'infecte pas lui-même, il faut croire que cette crainte a toujours servi de frein à la scélératesse.

Ce qui est plus croyable, c'est la facilité avec laquelle l'homme oublie ses maux et se console. Il y en eut beaucoup qui se livrèrent aux mêmes plaisirs qu'auparavant : plusieurs se marièrent jusqu'à trois fois. Une femme épousa successivement six maris en peu de temps, et les enterra tous, sans avoir elle-même pris la peste ; ce qui prouve qu'elle avait un singulier tempérament et un grand courage. Les cabarets retentissaient tous les jours de chansons bachiques ; et l'on vit des hommes suivre les tombereaux en chantant, comme on en a vu à Paris, durant la révolution, suivre avec un air de satisfaction la fatale charrette qui conduisait, tous les jours, d'innocentes victimes à l'échafaud. Car, on a beau dire le contraire, l'homme, par sa nature, n'est pas plus enclin à l'humanité qu'à la cruauté ; il est doux ou barbare, suivant qu'il a plus ou moins profité des institutions établies pour le former ; et son plus dangereux ennemi est celui qui lui ôte sa religion, c'est-à-dire le seul frein qui puisse réprimer ses passions. Otez ce frein, il y aura des gens qui vous feraient douter à quelle classe d'animaux ils appartiennent, s'ils n'avaient pas la figure humaine.

Je pourrais, par forme de contraste et pour venger l'humanité, mettre en opposition à ces êtres étrangers au reste des hommes, les cœurs sensibles et généreux qui se dévouèrent avec un courage vraiment héroïque au soulagement des malades. Je parlerais de cette femme qui, entendant crier un enfant à la mamelle, resté seul dans une maison où tout le monde était mort, alla l'enlever du milieu des cadavres, et l'emporta chez elle pour le nourrir avec du lait de chèvre ; mais comme il était infecté du venin contagieux, il mourut quelques jours après, avec sa bienfaitrice qui huma le poison. Une autre femme alla donner à têter à un enfant du même âge, couché à côté de sa mère, morte, et eut le même sort que la précédente avec son nourrisson. Si je voulais citer des traits d'un autre genre, je parlerais de ces personnes qui, par pudeur, s'ensevelissaient dans un drap lorsqu'elles voyaient approcher leur dernière heure, pour ne pas être enterrées toutes nues ; je citerais cet homme de quatre-vingt-quatorze ans qui, étant à la campagne, et ayant perdu tous les siens, creusa lui-même sa fosse, mit sur le bord un peu de paille, et se coucha de manière qu'en expirant il pût tomber dedans sans exposer personne à prendre son mal pour l'enlever de sa maison, s'il y était mort. Mais je n'entrerai pas dans de plus longs détails à ce sujet.

La maladie commença à diminuer au mois de mars 1629 et dans les mois suivans ; elle fut presque nulle dans les mois de juin et de juillet, quoiqu'elle devienne pour l'ordinaire plus effervescente dans ces mois-là, à cause des chaleurs. Elle reprit un peu plus de malignité sur la fin du mois d'août ; et enfin elle s'éteignit au mois de septembre, qui fut le temps où l'on rendit publiquement à Dieu des actions de grâces. Ces sortes de cérémonies religieuses, très-louables dans leur objet et dans l'intention, ont pour l'ordinaire l'inconvénient de rallumer la peste, à cause de l'affluence des personnes saines avec celles qui sont à peine guéries, et avec d'autres, qui cachent leur mal : voilà pourquoi il ne faut faire ces actes de piété qu'après la cessation bien certaine de la maladie, et après la désinfection. Au reste, celui-ci n'eut aucunes suites fâcheuses.

La peste laissa dans presque tous ceux qu'elle avait attaqués, et qui avaient été guéris, des marques funestes de son venin, car ils restèrent tous avec une santé plus ou moins languissante; il y en eut même qui restèrent aveugles, d'autres, sourds; quelques-uns perdirent l'usage de la parole, et plusieurs celui des jambes. On n'est pas tout-à-fait d'accord sur le nombre des morts; les plus exagérés le portent à soixante-dix mille, et les plus modérés à trente-cinq. Cette différence vient de ce qu'il y eut un grand nombre de morts dont la police n'eut pas connaissance, ce qui n'est pas surprenant dans un désordre si épouvantable. Mais il n'en résulta pas moins de grands inconvéniens à cause des procès que cette négligence causa dans les familles pour les successions.

Ce n'est pas la seule faute qui ait été commise par les magistrats municipaux de Lyon: on doit encore leur reprocher d'avoir laissé ouverts les cabarets, les églises et tous les lieux publics; d'avoir souffert que des religieux prêchassent au peuple dans les places et dans les carrefours; de n'avoir pas fait enfermer les pauvres, ni surveiller les corbeaux; en un mot, de n'avoir presque pris aucune des précautions nécessaires pour arrêter les progrès du fléau; ce qui me ferait croire qu'on n'a pas beaucoup exagéré, quand on a porté le nombre des morts à soixante-dix mille.»

***

NOTES.

1 Jean-Pierre Papon, oratorien, né au Puget de Téniers en 1734, et mort à Paris en 1803, était préfet général du collége de la Trinité de Lyon en 1765, époque à laquelle il publia son *Art du poète et de l'orateur*. Il y avait eu long-temps auparavant, au même collége, un jésuite nommé Jean Papon, sans doute de la même famille, qui y professait la rhétorique, et y prononça, en latin, le 20 février 1643, l'oraison funèbre du cardinal de Richelieu, qu'il dédia ensuite au frère de ce ministre, Alphonse du Plessis, archevêque de Lyon.

2 On lit dans l'*Alm. de Lyon*, pour 1755, pag. 47, que deux minimes firent, en jeunant et nus pieds, le voyage à S. Roch, à Venise, l'an 1667, *année fertile de peste et de maladies contagieuses*.

3 C'est après avoir parlé de la peste à laquelle Milan était alors en proie, et dont Manzoni a fait une description si remarquable dans son roman des *Fiancés*, que Papon donne le récit de la peste de Lyon.

4 Il existe une inscription consacrée à l'une des premières victimes de la contagion; elle se lit à Fontanières, près de Ste-Foy-lès-Lyon, à l'angle d'un mur de terrasse, sur une pierre qui paraît avoir été surmontée d'une croix, et elle est conçue en ces termes :

A LA GLOIRE DE DIEV. DAME ESTIENNETTE NALOT A FAICT ESLEVER CESTE CROIX HONORANT LA MEMOIRE DE SIEVR IEHAN PRVDOMME, SON MARY, DVQVEL LES OS REPOSENT SOVBS ICELLE, QVI DECEDA EN CE LIEV DE LA MALADIE CONTAGIEVSE LE 7.e OCTOBRE 1628. — 1629.

5 Cependant il paraîtrait que la Croix-Rousse en fut exempte. On voyait autrefois, à la montée de la Grande Côte, au-dessus de la rue Neyret, sur la porte d'entrée d'une maison, une petite statue de Saint Roch, dans une niche, avec cette légende : *Ejus præsidio non ultra*

pestis 1628. La statue a disparu pendant la révolution, et dernièrement en renouvelant l'inscription, on a retranché les mots *ejus prœsidio.*

Cette inscription, ainsi que celle dont nous avons fait mention dans la note précédente, ne sont pas les seuls monumens qui aient été destinés à rappeler le souvenir de la peste de 1628 : on lit dans Pernetti, *Lyonn. dignes de mém.*, tom. II, pag. 78, que « Noble Claude des » Couleurs, ex-consul, bourgeois de Lyon, fonda (le » 19 mai 1630) une chapelle dans le territoire de Champ-» verd, pour aider à la piété des citoyens que la peste » avoit chassés de la ville, et qui habitoient ce canton » ; et le P. Ménestrier, *Eloge histor.*, liste des prévôts des marchands et échevins de Lyon, année 1659, rapporte une inscription que le consulat de cette année fit mettre au-dessous d'une statue de N.-D., placée dans la chapelle du pont de Saône, pour l'accomplissement d'un vœu que la ville avait fait *durant la grande peste.* Avant la révolution, le consulat allait tous les ans en procession, le premier vendredi après Pâques, entendre la messe dans la chapelle de St. Roch, située sur la colline de St. Just, hors des portes de St. George. La première pierre de cette chapelle, qui n'existe plus, avait été posée en 1581, pour accomplir le vœu fait pendant la peste de 1577. Il existe sur cette peste un opuscule fort curieux de Cl. de Rubys que j'ai omis d'indiquer, et qui a pour titre : *Discours sur la contagion de peste qui a esté ceste presente annee en la ville de Lyon, contenant les causes d'icelle, l'ordre moyen et police tenue pour en purger la ville.* A Lyon, par J. d'Ogerolles, 1577, in-8.º de 44 pag. Ce *Discours* est terminé par une apologie de la Saint-Barthélemy.

6 On nomma des commissaires de santé qui furent secondés par des religieux et par les médecins et chirurgiens de la ville. Parmi ces derniers, on trouve Jacques Cretenet, qui depuis institua la maison des missionnaires de S. Joseph, Gabriel Cartier et Paul Boussin, dit La

Croix. Voy. l'*Ordre public pour la ville de Lyon pendant la maladie contagieuse*, par G. Chevalier.

7 Sans doute les calvinistes qui étaient vers cette époque maîtres du Vivarais.

8 L'hôpital de Saint Laurent des Vignes, au faubourg de la Quarantaine.

9 C'est par allusion à leur avidité comparable à celle des oiseaux du même nom, qui aiment à se nourrir de cadavres, que l'on appelait *corbeaux* ces gens que le peuple désigne aujourd'hui plus ordinairement par le nom de *croque-morts* ou *mange-morts*. C'est sans doute aussi le mot de *corbeau*, ainsi appliqué, qui est la racine du nom de *corbillard* donné à Paris au char dans lequel on porte les morts au cimetière. C. B. d. L.

10 Il est vraisemblable que le discours latin du médecin lyonnais, Pierre Tolet [1], intitulé *Actio judicialis in unguentarios pestilentes et nocturnos fures*, Lyon, 1567, in-8.°, était dirigé contre cette sorte de brigands que l'on nommait *engraisseurs*. Le peuple a cru de tout temps à l'existence de pareils monstres, et il en est question dans l'histoire de presque toutes les pestes. On peut voir ce que dit à l'égard des *onctueurs* de Milan, Manzoni dans son roman des *Fiancés*. On se persuadait que ces scélérats se servaient, pour propager la contagion et en profiter, d'un venin composé de reptiles et de tout ce que des imaginations sauvages et perverses pouvaient trouver d'étrange et d'atroce; qu'ils en enduisaient les murs, les escaliers, les marteaux des portes, ou qu'ils répandaient dans l'air ces poisons réduits en poudre, etc.

1 Voy. sur Pierre Tolet, les *Mélanges biographiques et littéraires pour servir à l'histoire de Lyon*, par M.*** (Breghot du Lut), Lyon, Barret, 1828, in-8.°, pag. 180, 209, 211 et 361.

***

www.ingramcontent.com/pod-product-compliance
Ingram Content Group UK Ltd.
Pitfield, Milton Keynes, MK11 3LW, UK
UKHW020500230726
13925UKWH00005B/2044

9 782014 056297